Entre amigos

Mónica Genis Chimal
Ilustraciones de Heyliana Flores

Los números se parecen
a las personas en algo: cada
uno es distinto pero puede
compartir cualidades con
otros. Aquí queremos
presentarte tres tipos de
números que comparten
características curiosas:
los **números amigos**,
los **números perfectos**
y los **números compuestos**.

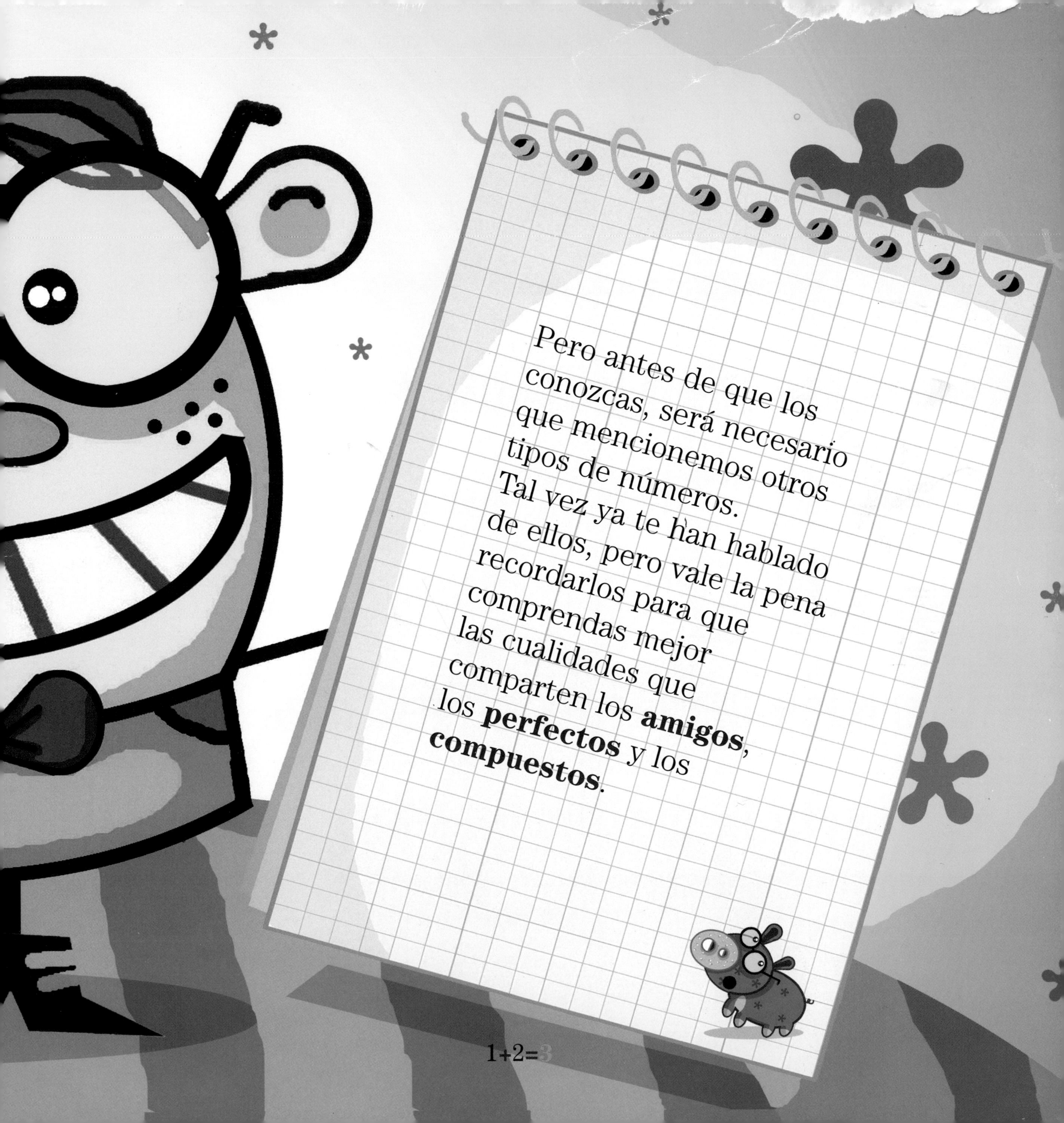
Pero antes de que los
conozcas, será necesario
que mencionemos otros
tipos de números.
Tal vez ya te han hablado
de ellos, pero vale la pena
recordarlos para que
comprendas mejor
las cualidades que
comparten los **amigos**,
los **perfectos** y los
compuestos.

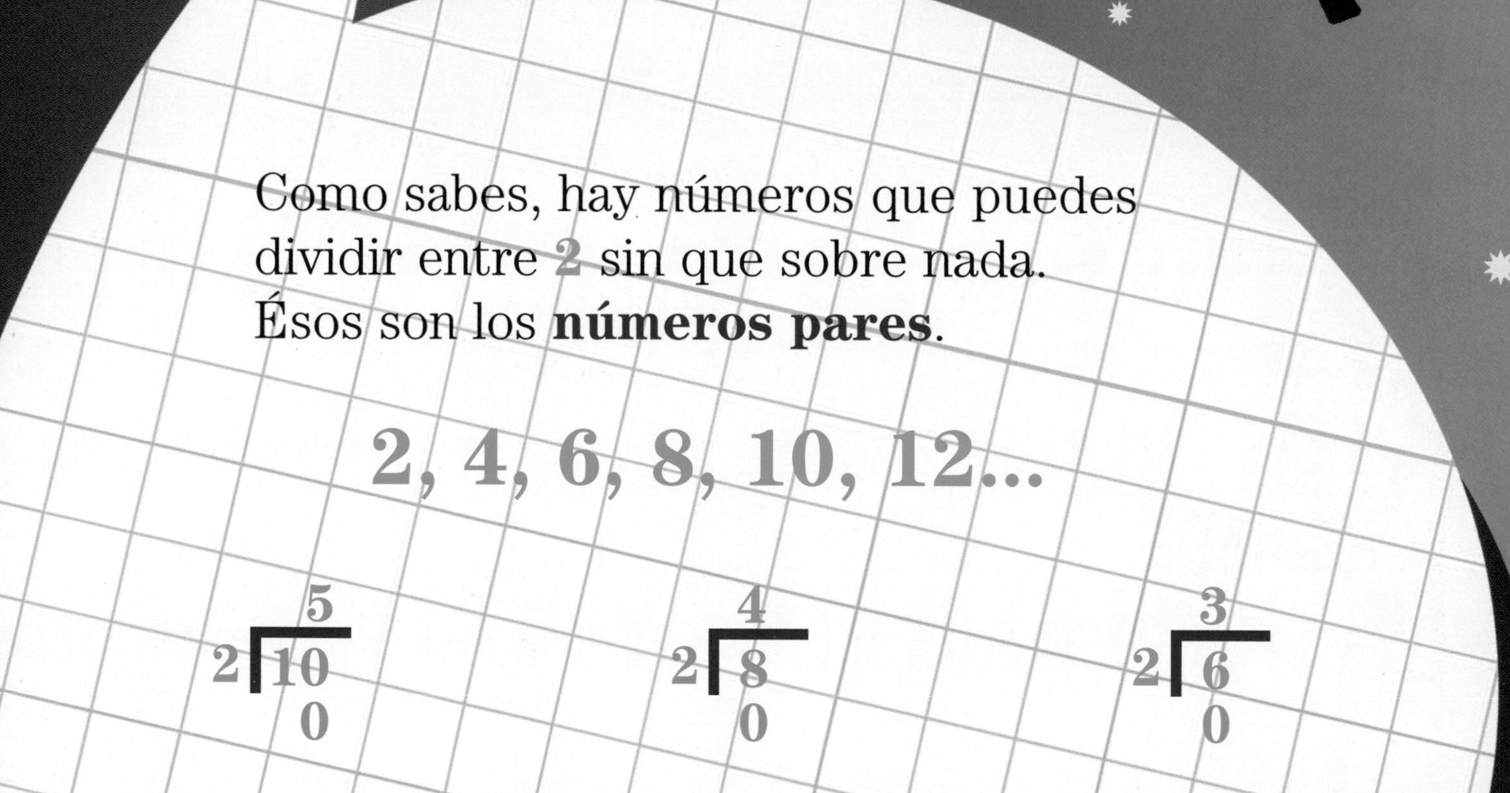

Como sabes, hay números que puedes dividir entre 2 sin que sobre nada. Ésos son los **números pares**.

2, 4, 6, 8, 10, 12...

$10 \div 2 = 5$, residuo 0

$8 \div 2 = 4$, residuo 0

$6 \div 2 = 3$, residuo 0

$4 \div 2 = 2$, residuo 0

$2 \div 2 = 1$, residuo 0

Otros números se caracterizan por lo contrario, es decir, no se pueden dividir entre 2. Ésos son los **números impares**:

3, 5, 7, 9, 11...

Claro que puedes dividir el 9, el 7, el 5 y el 3 entre el 2, pero siempre te va a sobrar 1. El número 1 también es **impar** porque no se puede dividir entre 2.

Los **números pares** e **impares**, aunque son distintos e incluso opuestos, también comparten una característica: son **números enteros**. Tal vez pienses que el **1** sí se puede repartir entre **2**, porque **1** chocolate se puede repartir entre **2** personas. Y si queremos ser justos en esta repartición, a cada quien le debe tocar una parte de igual tamaño, es decir, a cada persona le debe tocar la mitad del chocolate.

Pero en un caso como éste ya no hablamos de **números enteros**.
El **1** sólo se puede dividir entre **2** (o entre **3**, **4**, **5**…) cuando el **1** *se parte*, como el chocolate.

Y cuando eso sucede, los números que resultan de dividir el **1** no son **enteros** sino **fraccionarios** o **fracciones**.

Conocer los **números pares** e **impares** nos ayuda porque así podemos repartir en partes iguales lo que sea, desde un pastel hasta dinero.

Y hablando de partes iguales, debemos decir que entre los **números impares** se encuentran ciertos números bastante egoístas, pues cada uno de ellos sólo puede dividirse entre él mismo y entre el **1**.

Los números **3**, **5**, **7**, **11**, **13**, **17**, **19**… son de este tipo y se les llama **números primos**. Como verás, el **9** —aunque es **impar**— no es **número primo**, porque también puede dividirse entre **3** sin que sobre nada.

Hay otros números menos egoístas
que los **números primos**.
Son, ni más ni menos,
que los **números amigos**.
Los **números amigos** se pueden dividir
entre **1** y entre sí mismos,
pero también se pueden dividir entre
otros números sin que sobre nada.
Además los **números amigos** siempre
vienen por parejas.

Por ejemplo, el **220** se puede dividir entre **1** y entre sí mismo, pero también entre **2**, **4**, **5**, **10**, **11**, **20**, **22**, **44**, **55** y **110**.
Si escoges un número distinto de éstos para dividir el **220** verás que siempre te sobrará algo.

Pero todavía hay más, cuando sumas **1 + 2 + 4 + 5 + 10 + 11 + 20 + 22 + 44 + 55 + 110** el resultado es **284**. Esto no tendría nada de raro si dejamos hasta aquí la explicación. Pero resulta que el **284** también es un número que se puede dividir entre **1**, entre él mismo y entre otros números que, sumados, dan como resultado ¡**220**!

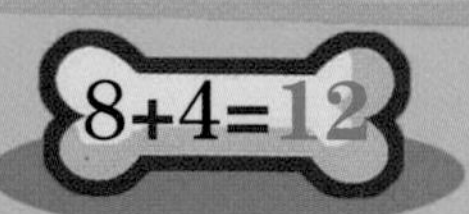

1, **2**, **4**, **71**, **142**, son los números entre los que puedes dividir el **284** sin que sobre nada. Como la suma **1 + 2 + 4 + 71 + 142** es igual a **220**, y la suma de los números entre los que se puede dividir el **220** (sin que sobre nada) es igual a **284**, se dice que el **220** y el **284** son **números amigos**.

En este asunto de repartir sin que sobre nada, también tiene que ver el otro tipo de números de los que queremos hablarte. Nos referimos a los **números perfectos**.

Se dice que un número es perfecto cuando cumple dos condiciones:

- Se puede dividir entre varios números menores que él mismo sin que sobre nada.
- La suma de estos números es igual al número que se está dividiendo.

Números per

¡Vamos a explicarlo de otra manera!

Supongamos que tu mamá compró 6 refrescos. Si estás solo no hay problema, los 6 serán para ti (lo cual se puede expresar como 6÷1). De este modo tendrás refrescos para varios días. Pero a tu mamá se le ocurre que invites a unos amigos para compartir los refrescos.

Para repartirlos sin que sobre ninguno, tendrías que invitar a un amigo; así, de los 6 refrescos a ustedes 2 les tocarían 3 (lo cual se puede expresar como 6÷2= 3);

también podrías invitar a 2 amigos y, de ese modo, de los 6 refrescos a ustedes 3 les tocarían 2 (lo cual se puede expresar como $6 \div 3 = 2$).
Si sumas $1 + 2 + 3$ el resultado será 6: exactamente el mismo número de refrescos que tu mamá compró.
Como ves, el número 6 es **perfecto** porque cumple con las dos condiciones que mencionamos.
También el número 28 es **perfecto** porque únicamente se puede dividir entre 1, 2, 4, 7 y 14, y al sumar estos números te da 28. Haz la prueba.

Números compues

Ya sólo nos falta mencionar que los **números compuestos** son todos aquellos que no son **primos**; es decir, casi todos tienen varias parejas de divisores.

De hecho, todos los **números amigos** y los **perfectos** son **compuestos**. Y hay algunos **compuestos** que sólo tienen dos divisores.

Por ejemplo, el número **58** se puede dividir en partes iguales entre el **2** y el **29**; ocurre lo mismo con el número **62**, sólo puede dividirse entre el **2** y el **31**.

Pero además —y esto es lo que completa las cualidades de los **números compuestos**— si multiplicas **2** x **29** (los dos números que dividen al **58**) y **2** x **31** (los dos números que dividen al **62**), verás que el resultado de la multiplicación es igual al mismo número que dividen, es decir, a **58** y **62**, respectivamente.

$$2 \times 29 = 58$$
$$2 \times 31 = 62$$

Como has visto, los números pueden relacionarse unos con otros de varias formas. Aquí has conocido algunas de esas relaciones, pero todavía hay muchas por descubrir.

Y lo mejor, tú también te puedes relacionar con los números y sentirte entre ellos como entre amigos.